AF258251

DES
INSTITUTIONS ET DES PEUPLES

CONFÉRENCE

Faite à Creil, le dimanche 17 décembre 1871,

PAR A. VINCENT,

Avocat à la Cour d'Appel.

LÉVÈQUE, LIBRAIRE ÉDITEUR,
Rue du Châtel, à Beauvais.

COMPIÈGNE

IMPRIMERIE J. DELHAYE,

Rue de la Corne-de-Cerf, 8.

DES INSTITUTIONS

ET

DES PEUPLES

Conférence faite à Creil.

———

Mes chers concitoyens,

Au milieu des ruines de toutes sortes qui nous entourent, aux prises avec les difficultés qui résultent de nos récents et trop cruels désastres, nous avons tous le devoir d'en reconnaître les causes, de rechercher les moyens d'en prévenir le retour et d'en réparer les conséquences. Dans les circonstances critiques que nous traversons, alors que par la force même des choses nous sommes bien réellement en possession de nos destinées, que nos votes peuvent exercer sur l'avenir de ce pays une si décisive influence, c'est l'heure ou jamais de reconnaître les funestes résultats de nos faiblesses, de nos abdications et de nos fautes ; il nous faut, en même temps que dans les événements politiques, rechercher dans les faits de l'ordre philosophique et psychologique ce qui a fait perdre à notre pays, ce qui peut lui rendre son ancienne grandeur et son ancienne prospérité.

Sans doute la responsabilité est bien lourde pour le gouvernement déchu ; il y a beaucoup à dire contre ce gouvernement prévaricateur qui pendant dix-huit ans avait comme à plaisir étouffé dans nos âmes ce qui fait la véritable force et la véritable grandeur des nations, et, qui sacrifiant à ses ambitions dynastiques le repos et les légitimes intérêts du pays avait, dans une guerre aussi follement conduite que criminellement entreprise, englouti en six semaines nos ressources et nos armées. Sans doute aujourd'hui chaque citoyen se dressant devant l'homme néfaste de décembre en accusateur et en juge peut lui demander compte de notre grandeur disparue, de nos ressources gaspillées, du sang de nos soldats inutilement prodigué ! Mais cet homme et ses complices ne sont pas les seuls coupables, les seuls a qui sont et doivent être imputables nos hontes et nos malheurs. En même temps que sur les gouvernements, la responsabilité en retombe sur les gouvernés, sur nous tous. Ceux qu'il nous faut aujourd'hui accuser de nos maux, ce ne sont pas seulement le gouvernement et les hommes de l'empire, ce sont ces institutions qui mettant aux mains d'un seul tant de fortunes et tant d'existences, lui ont permis de jouer ainsi avec les destinées d'un grand pays, ce sont les caractères et les mœurs dont l'abaissement nous a valu de semblables institutions, ce sont nous-mêmes !

Vaincus et à demi ruinés par un enchainement fatal de circonstances malheureuses, par la succession rapide de tant de désastres fruits de nos abdications et de nos fautes, mais non abattus et gardant au fond de nos cœurs l'espérance d'un meilleur avenir, nous n'avons pas aujourd'hui à récriminer contre le passé, à accuser de nos malheurs les hommes et la fortune : de pareilles récriminations seraient inutiles et siéraient peu à notre dignité de vaincus. Il nous faut voir nos maux sans exagération et sans faiblesse, en mesurer l'étendue, en sonder la profondeur et la gravité, et rechercher dans leurs causes et dans leur nature même les moyens énergiques et parfois rigoureux qui seuls peuvent en amener la guérison.

Poussés à l'abîme par un régime à la fois despotique et corrupteur, par des institutions malsaines, fruit de l'abaissement des caractères, et de la décadence des mœurs, il nous faut voir la régénération et le salut du pays dans des institutions libres et honnêtes, dans la réforme de nos mœurs, dans la régénérations de nos caractères et de nos âmes. Et c'est à l'heure actuelle surtout qu'il convient d'agiter ces questions, c'est surtout lorsque bientôt le pays va être appelé à remplacer par des institutions nouvelles ces institutions malsaines qu'il y a plus d'un an sa légitime colère a jeté à terre, qu'il convient d'examiner, non point avec les besoins, le bruit et les passions de la politique, mais le calme de la raison, avec les données certaines et sévères de la philosophie, à la lueur des grands enseignements de notre histoire, ce que valent les institutions, combien intimement elles sont liées à l'état de nos caractères et de nos mœurs, à tout ce qui constitue la nature intime des peuples, et combien elles contribuent à la puissance des états, à la force, à la prospérité et à la grandeur des nations.

I.

On a dit avec raison « qu'un peuple n'a jamais que les institutions qu'il mérite. » Ce principe d'une vérité incontestable dans nos démocraties modernes où l'institution du suffrage universel rend les nations maîtresses évidentes de leurs propres destinées, est également vrai dans tous les temps et dans tous les pays. Si toujours les nations supportent les avantages ou les vices de leur gouvernement, toujours aussi la forme et la constitution de ce gouvernement leur sont imputables. Un peuple ne saurait se plaindre d'avoir un mauvais gouvernement; s'il ne le fait pas lui-même, toujours il l'accepte ou il le supporte, il le veut ou il le subit. Il y a entre les peuples et leurs institutions la relation logique et nécessaire de la cause à l'effet.

Un peuple en effet n'est pas seulement une agglomération d'individus habitant le même sol et soumis aux mêmes lois. Ce serait une grossière erreur que de ne voir dans une nation que sa constitution extérieure, ses institutions et son gouvernement. On confondrait ainsi, comme l'a dit un penseur profond non moins éloquent orateur, la vie avec les organes extérieurs de la vie. La nation n'est ni dans les circonscriptions abstraites des lois et du pouvoir, ni

dans les circonscriptions matérielles du sol,
ni même dans la communauté des origines.
C'est un groupe de familles, quelquefois de
sang et d'origines différents, habitant parfois entre des frontières mal dessinées et mal
limitées, mais réunies par les caractères et
les mœurs, par la communauté de leurs
sentiments et de leurs aspirations. Ce qui
fait la nation, c'est son âme, c'est le même
esprit public qui unit tous les citoyens. La
nation a ses traditions et son histoire et si
elle en brisait la chaîne non interrompue
elle cesserait d'être elle-même. Ce qui fait
la nation, c'est le fonds commun des affec-
tions, des intérêts et des mœurs, c'est la
conscience collective du présent, c'est aussi
la collectivité des efforts du but et des espé-
rances. C'est dans la communauté des caractères et des mœurs, dans cette vie collective des nations où elles puisent le sentiment profond de leur unité et de leur indépendance, qu'il nous faut voir le principe et
la cause de la nature de leur gouvernement.

Dans tous les temps et dans tous les pays,
nous voyons en effet s'affirmer cette loi
générale de la conformité de la forme
gouvernementale avec les caractères et les
mœurs des nations. C'est là en effet une loi
de la nature, que nous démontre la raison
et que proclame l'histoire. Il faut que le
gouvernement s'adopte aux besoins, au
caractère et aux mœurs du peuple ; et si
quelques faits isolés et essentiellement tran-
sitoires semblent donner un démenti à
cette loi de conformité, pour ceux qui ne

s'en rapportent point aux apparences et qui
vont au fond même des choses, ces excep-
tions confirment la règle à laquelle elles
semblent déroger. Donnez en effet à un
peuple d'autres institutions que celles que
comporte sa nature , et vous le verrez
s'agiter et souffrir, et bientôt, par la force
même des choses, ou ses mœurs se confor-
meront à ses institutions ou ses institutions
diparaîtront pour faire place à celles que
comporte sa nature.

Cette loi de conformité nous apparaît
encore avec plus d'évidence si nous recher-
chons les principes particuliers de chaque
mode de gouvernement, si nous étudions
dans leurs causes et dans leurs principes,
les diverses institutions que nous voyons
régir les nations.

Le gouvernement républicain, qui est le
gouvernement actuel de notre pays et qui
a pour principe, comme le disait un philo-
sophe, la vertu, exige chez les citoyens le
sentiment profond de la justice et du droit.
Les institutions républicaines font de l'Etat
la chose de tous, elles veulent en conséquence la liberté et l'égalité, elles reposent sur le principe de souveraineté populaire. Il en résulte que les citoyens ont
besoin d'être justes ; le sentiment de la justice peut seul empêcher les conflits et les
empiétements, les usurpations et les rébel-
lions. Chaque citoyen ayant des droits
égaux, c'est la légitimité du pouvoir qui y
inspire l'obéissance, c'est le sentiment de la
justice qui y fait respecter la loi faite par
les mandataires du peuple, c'est encore ce

sentiment qui y fait obéir volontairement et sans murmures aux prescriptions de ceux qui sont les égaux de leurs administrés et qui n'ont pour commander d'autre raison que le choix de leurs concitoyens.

En même temps que celui de la justice, le gouvernement républicain exige chez les peuples le sentiment non moins profond de leur dignité et de leur force.

Comme il n'y a point de sujets, mais des citoyens qui partagent la souveraineté, il faut qu'ils soient dignes, que chacun d'eux se sente digne du rôle et de la mission qui lui incombe, afin que dans l'union de tous ses citoyens la nation sache remplir les devoirs de sa souveraineté. La liberté et l'égalité qui sont les conditions nécessaires de la constitution de l'Etat imposeraient à chaque citoyen le sentiment de sa propre dignité si elles n'en résultaient. Pour user de la liberté et de l'égalité, pour les conserver, pour en empêcher les abus, il faut que chaque citoyen en sache le prix, qu'il sente ce qu'il est, et qu'il comprenne les droits et les devoirs que lui impose sa condition.

La force de la nation ne réside qu'en elle-même : il faut donc que cette force qui résulte de l'union de tous les citoyens existe d'abord chez chacun d'eux. Dans une République, s'il n'existe ni maître ni sujet, il n'existe pas non plus de protecteur et les sentiments des citoyens doivent être à la hauteur de la condition qui leur est faite. L'on ne peut donc y chercher en autrui la force nécessaire, et par sa propre nature le

gouvernement républicain impose aux citoyens le caractère robuste, les mœurs mâ'es
et viriles de la liberté.

La vertu au principe, la dignité et la
virilité des citoyens dans ses conséquences ,
telles sont les indispensabl s conditions de
la République. Supprimez ces vertus ou
seulement l'une d'elles, et l'Etat souffrira
et s'agitera et les institutions s'affaibliront
jusqu'au jour où elles s'évanouiront sous
l'abaissement des caractères, la décadence
et la corruption du peuple. Donnez au contraire à un peuple dont le caractère forte-
ment trempé est tout rempli des sentiments
de justice et de dignité, un régime autre
que le régime républicain et vous verrez
également ce peuple souffrir et s'agiter et
un jour viendra où il brisera les institutions
qui le compriment et saura se donner celles
qui seules peuvent convenir à son caractère et à sa nature.

Il est des peulpes où le sentiment de la
liberté n'entraîne pas avec lui celui de
l'égalité et où la virilité des citoyens se
trouve contrebalancée par le sentiment par
trop prononcé par l'amour excessif du repos
et du bien être. Ces peuples adoptent d'or-
dinaire le régime constitutionnel de la
monarchie parlementaire, qui se peut ac-
comoder des inégalités de rang et des priviléges de la fortune. Ils cherchent dans
les rouages compliqués, dans une organisation savante, a donner, par la pondération
des pouvoirs d'origines et de nature diffe-
rentes satisfaction aux sentiments de liberté
en même temps qu'aux désirs de tran-

quilité et de bien-être. La souveraineté y
appartient à un roi qui règne et qui ne
gouverne pas ; et ce principe laisse à la nation la plus large part, dans l'exercice d'une
souveraineté qui d'après la constitution ne
lui appartient pas.

|Cette forme de gouvernement est d'ailleurs
dans notre pays surtout une forme essentiellement transitoire. La liberté ne pouvant
exister sans l'égalité et la réunion de ces
deux principes conduisant à la souveraineté
populaire, il en résulte que jusqu'ici le
gouvernement parlementaire a servi de
degré vers la République. Si dans les pays
voisins cette forme de gouvernement y
y existe depuis de longues années, il ne
faut pas croire que la pratique de la liberté
y ait été sans exercer sur les caractères et
sur les mœurs une salutaire influence, sans
propager dans les esprits le principe de
l'égalité, et sans y répandre dans toute la
nation les plus solides assises et comme la
pierre d'attente des institutions républicaines.

Si quelquefois le sentiment de la liberté
nous apparaît sans celui de l'égalité, l'égalité
nous apparaît aussi parfois sans la liberté.
Tel est le plus souvent le sort des nations
qui après avoir possédé le bienfait de la
liberté l'ont perdu par leur faute. L'état des
mœurs et des caractères y donne naissance
à un absolutisme qui tantôt s'étale dans
tout son orgueil et dans toute sa rudesse,
tantôt se cache sous le masque et les trom-
peuses apparences d'une souveraineté popu
laire déléguant à un homme ses pouvoirs et

sa souveraineté. Tel est le gouvernement despotique des états d'Orient, et tel aussi le césarisme impérial dont notre pays ne se souvient que trop.

La monarchie absolue que quelquefo i on appelle monarchie légitime, n'exige pas chez les citoyens les sentiments de justice, de dignité et de force nécessaire au gouvernement républicain. Ces divers sentiments en sont même exclus ou du moins le principe en existe ailleurs que dans le caractère et dans le cœur de chacun des citoyens. Le pouvoir existe indépendamment et en dehors du peuple : il n'y a pas de citoyens, mais seulement des sujets. Le sentiment principal est l'obéissance; au respect du pouvoir se joint le besoin de la protection. Le peuple n'y demande aux institutions que ce qu'elles lui peuvent donner; le sentiment de la liberté s'efface devant le besoin de protection, les classes inférieures supportent les priviléges et les inégalités sans haine et sans murmures, espérant y trouver des avantages et des appuis. Donnez à une nation où le privilége, l'inégalité, la soumission sont dans le caractère et dans les mœurs, les institutions républicaines, et la nation ne saura les conserver, impuisante à user d'une liberté qu'elle ne saurait comprendre, ne pouvant s'habituer à la pratique de l'égalité qu'elle verrait où elle n'est pas, elle cherchera un maître et abdiquera bientôt entre les mains d'un despote une souveraineté pour l'exercice de laquelle elle n'était point préparée.

La relation de la cause et de l'effet que nous avons rencontrée entre le caractère des peuples et leurs institutions, existe également entre les institutions et la grandeur ou la décadence des nations.

Ce serait une erreur dont la raison et l'histoire nous démontreraient la profondeur que de croire que la constitution d'un peuple est sans influence sur ses intérêts et sur son avenir. Les mêmes causes pro-duisent toujours les mêmes conséquences ; si les institutions résultent de la virilité et de la moralité des citoyens, elles produisent necessairement la moralité et la grandeur de la nation ; si au contraire elles, ont pour origine la corruption et l'affaiblissement des caractères, elles aboutissent à la corruption et à la décadence de la nation.

Je ne veux pas nier les grandeurs et les gloires de la monarchie qui pendant des siè-cles a été le gouvernement de notre pays,qui a donné à la France les limites que lui a fait perdre le despotisme impérial et qui a tant travaillé à cette unité nationale que devait achever notre immortelle révolution. Mais ce régime monarchique, la raison et l'histoire ne nous le montrent-elles pas subordonnant toujours aux qualités et aux vices du prince, la grandeur et la prospérité du pays. Et comment en pourrait-il être autrement, le sujet n'est rien par lui-même, l'obéissance est son seul devoir ; c'est donc sur le prince seul en qui résident la souveraineté et la force que reposent la fortune et l'avenir du pays.

La monarchie constitutionnelle compro-mis entre deux principes contradictoires, fruit de caractères incomplets, souveraineté partagée entre deux pouvoirs d'origines diverses n'aboutit le plus souvent malgré la pondération du pouvoir qu'à des condits à des agitations et à des émeutes. La liberté est un dogme jaloux, le principe admis on ne saurait se soustraire aux conséquences, on ne saurait en limiter les nécessités. Et voilà pourquoi alors qu'il n'a pas à côté de lui le principe de l'égalité, qu'il n'aboutit point à la Souveraineté nationale, le sentiment de la liberté nécessite une constitution qui n'est qu'un compromis et qui doit disparaître devant le progrès des mœurs dans les orages des révolutions.

Les gouvernements despotiques et le césarisme ont également des résultats conformes à leur nature et à leur origine. Le despotisme des peuples d'Orient où le pouvoir repose sur la crainte et sur l'égalité dans la servitude engendre toujours avec lui la décadence et l'affaiblissement des peuples. La Turquie est un exemple frappant.

Quant au césarisme impérial que nous avons tout récemment subi, nous avons pu nous convaincre par la plus triste des expériences de ses nuisibles effets. Reposant sur le mensonge d'une souveraineté populaire apparente, plaçant au-dessus des lois les volontés du pouvoir et les caprices du peuple, répandant avec le sentiment exagéré du repos et des jouissances, un luxe délétère, une immoralité malsaine, ce régime semble comme à plaisir étouffer chez les citoyens tous les sentiments qui font leur dignité et leur force.

Avec ce régime combien est rapide la décadence des peuples, quelles catastrophes il prépare aux pays qui ont l'imprudence de lui confier leurs destinées! (applaudissements). Nos désastres n'ont pas d'autre cause, l'excès même de nos maux semble une nouvelle affirmation de la loi de justice que nous avions tant et si souvent méconnue ; le châtiment terrible de nos hontes et de nos fautes nous démontre une fois de plus que pour les peuples, pour les individus, c'est en vain qu'ils voudraient chercher leur force et leur prospérité ailleurs que dans la justice et dans le droit. (Applaudissements.)

Après avoir constaté l'existence de la loi de conformité dans les institutions monarchiques, après l'avoir vu s'affirmer dans les diverses formes de la monarchie, il nous faut maintenant la suivre dans la République, et en voir dans ce gouvernement comme dans les autres régimes, les constantes et indéniables manifestations.

La République n'est pas assez connue, trop de gens la calomnient qui ne la comprennent pas. Parce que trois fois elle est venue parmi nous à la suite et au milieu d'une révolution, parce par trois fois elle a eu à réparer les fautes du gouvernement qui l'avait précédée, parce que trop souvent il lui a fallu apaiser et réprimer les excès et les violences de passions qu'elle n'avait pas soulevée on la confond violontiers avec la Révolution dont elle seule peut éviter le retour, on met à sa charge les funestes et nécessaires résultats des fautes des régimes précédents, les agitations et les désordres qu'elle réprime. Nous ne saurions trop l'apprendre à ceux qui l'ignorent, la République n'est autre chose que le Gouvernement du pays, par et pour le pays; que la souveraineté nationale résidant non plus dans un homme ou dans quelques hommes mais dans l'universalité de tous les citoyens.

Ce régime nous en avons tout à l'heure recherché et démontré les causes, et de même qu'il a son origine dans la vertu, la dignité et la force des citoyens il produit la grandeur et la puissance des nations.

La vertu des citoyens qui y exige entre eux le règne de la justice, qui y fait le respect absolu de la loi, qui y doit dominer toute la politique intérieure, n'y peut pas être sans influence sur la politique extérieure. Un peuple ne saurait voir longtemps régner la vertu dans l'âme de ses citoyens, s'il n'en donne lui-même l'exemple, s'il ne la pratique dans ses relations avec les autres peuples. Le sentiment de dignité qui engendre celui de la liberté et de l'égalité se retrouvera nécessairement dans le gouvernement de la nation et engendrera le respect des autres peuples. Et quelle ne sera pas la force d'un semblable gouvernement ; qu'elle ne sera la résultante de la mise en commun de tant de caractères fiers et forts, et n'avons nous pas vu s'affirmer à plusieurs reprises la force des républiques, n'avons nous pas vu dans des temps et dans des pays différents, alors qu'elles combattaient pour leur droit et pour leur indépendance menacée les plus petites républiques vaincre les plus grands et plus puissants empires !

Le gouvernement républicain parce qu'il a son principe dans le droit, parce qu'il repose sur tout ce qui fait la force et la grandeur du citoyen, en même temps qu'il est de tous les gouvernements le plus propre à maintenir l'ordre et à faire respecter le droit et la liberté de chacun est donc aussi celui qui contribue le plus à la puissance et à la grandeur des nations.

II.

Les enseignements de la logique se trouvent affirmés et vérifiés par le témoignage de l'histoire.

Dans l'antiquité il est un peuple qui a semblé à beaucoup le peuple type, je veux parler du peuple Romain. La grandeur et le développement prodigieux de ce peuple sont la conséquence des caractères de ses citoyens, de la nature de ses institutions. Le caractère général de la nation était la dignité et la force. Le sentiment de la justice et de l'indépendance augmentait le patriotisme, c'était le temps ou après avoir commandé les armées et sauvé la patrie des Cincinnatus labouraient de leurs propres mains le petit champ qui les nourrissait. Les institutions de ce peuple répondaient à la virilité de ses mœurs; l'amour de la liberté, le sentiment de la dignité des citoyens en avaient fait une république. Oligarchique dans les commencements, aristocratique ensuite, le sentiment de la liberté entraîna avec lui celui de l'égalité et fit de l'état une véritable démocratie.

Sous l'influence de ses institutions, Rome

conquiert les nations voisines, puis l'Italie, l'Afrique, la Grèce et l'Egypte et de conquêtes en conquêtes finit un jour par étendre son pouvoir sur tout le monde alors connu. Mais du jour où elle a tout conquis commence sa décadence. Au milieu même de ses succès et de ses triomphes et à l'apogée de sa prospérité elle portait en elle même les germes de sa décadence et plus tard de sa ruine.

Le sentiment de la justice qui existait entre les citoyens n'existait point dans les rapports du peuple Romain avec les autres peuples. L'étranger était un ennemi ; on ne lui reconnaissait aucun droit. Cette injustice qui existait dans les rapports internationaux s'introduisit dans les rapports des citoyens entre eux et finit par prévaloir sur le sentiment primitif de la justice. De ce jour disparurent les qualités qui semblent les compagnes inséparab'es de la justice, le culte de la liberté, l'amour de la patrie, le courage et la force des citoyens ; il semble que le monde vaincu se vengeait des Romains en leur donnant avec ses richesses tous ses vices. Sous l'influence d'un luxe délétère inconnu à leurs pères, les dominateurs du monde sentaient s'amoindrir en eux les sentiments qui faisaient leur grandeur et leur force. La décadence des caractères et des mœurs ne tarda pas à amener celle des institutions, la décadence des institutions celle du pays et sa ruine.

Livré aux agitations des guerres civiles, avec des institutions qui n'ont plus de républicaines que le nom, le peuple Romain établit chez lui ce pouvoir trompeur et toujours funest du césarisme. Et sous les étreints du despotisme et des hontes de ses empereurs, l'état s'affaiblit de jour en jour. Les barbares qui l'entourent sentent croître leur force devant la faiblesse de leur ennemi. Contenus tout d'abord par la force des armes, bientôt ils ne le sont plus que par l'or qu'on leur prodigue, puis il leur faut des terres, des provinces, jusqu'au jour ou la chute de l'empire s'effondrant sous leurs coups semble en même temps que la liberté venger le monde des crimes des Romains.

Les enseignements de notre histoire nationale ne sont pas moins précieux : les faits y proclament bien haut l'enchainement logique des mœurs et des institutions, l'influence des institutions sur les destinées de la patrie.

A la chute de l'empire Romain, notre pays (pour ne nous occuper ici que de lui) se trouve divisé en une foule de petites souverainetés indépendantes en fait sous l'autorité nominale d'un roi.

Enervées par les mœurs romaines et aussi par leur propre servitude les masses n'ayant plus la force de se protéger elles-mêmes cherchent au-dessus d'elles un protecteur et croient le trouver dans le seigneur qui dans les mœurs de ce temps devait donner sa protection en échange de l'obéissance. Après avoir protégé, les seigneurs finissent par opprimer et leur oppression est d'autant plus dure qu'elle est plus rapprochée d'autant plus tyranique que le tyran est p'us petit. C'est l'âge de fer de la féodalité et du servage. Les seigneurs ont la force, mais ils vivent isolés ; il ne forment pas une société, une

nation ; leurs dominations constituent comme
autant de souverainaté indépendantes et souvent en luttes. En dessous d'eux il n'y a pas
de peuple mais des masses, et comme ces
masses n'ont dans le caractère, ni virilité, ni
dignité, nous trouvons dans les institutions
la plus dûre et la plus écrasante des oppres-
sions produisant les abjections et les misères
de l'époque !

A force de s'aggraver, la condition des
vilains finit par devenir intolérable. En lut-
tant pour le seigneur, les caractères s'étaient
relevés, les âmes avaient senti pousser en
elles les germes de leur force, le peuple
éprouvant enfin le noble désir d'améliorer
sa condition, regarde au-dessus de ses seigneurs pour y trouver un appui, il y trouve
la royauté, elle aussi alors faible et sans
grandeur, ayant à lutter contre cette même féodalité qui méconnaissait son pouvoir, et de
là, naquit l'alliance séculaire et féconde du
peuple et la royauté qui devait aboutir à
l'unité nationale en même temps qu'à l'éman-
cipation des peuples !

Cette alliance a tout renversé, la féodalité
n'est plus, le peuple en même temps que ses
sentiments et ses mœurs a vu s'améliorer
ses institutions et sa condition. Le pouvoir
du roi a partout remplacé celui du seigneur,
le peuple reconnaissant met à son service
son intelligence et sa force ; il respecte la
grandeur du pouvoir, et sans en discuter
l'origine il lui demande protection. Ce sont
les beaux jours de la monarchie et du pouvoir absolu.

Mais dans ses luttes, le peuple a vu naître en lui le sentiment de sa dignité, son intelligence et sa force Les excès du pouvoir le lui font sentir en lui-même : les fautes et les hontes de la monarchie le font réfléchir à ses droits, et un jour il les réclame, il les arrache à ceux qui lui dénient et, jetant à terre privilèges, aristocratie et royauté, il tente sur les débris croulant du monde du passé de jeter les bases de l'avenir.

Le sentiment de la justice, de la dignité, de la virilité se trouve alors au fond même des caractères et des mœurs. La justice s'inscrit dans les lois et dans les institutions; c'est dans la religion chrétienne elle-même que la République va chercher le triple principe qui sert aujourd'hui de base à nos sociétés modernes. Le culte de la liberté, l'amour de l'Egalité donnent une nouvelle force au patriotisme et augmentent encore la virilité des citoyens. Et lors qu'un jour les nations auxquelles la démocratie française a crié paix, fraternité, sourdes à cette voix, inconscientes, de leurs droits et de leurs intérêts nous déclarent la guerre, lorsque la Patrie est déclarée en danger, la France lève en un jour, douze cent mille combattants, et vomit sur ses envahisseurs ses 14 armées ! A la tête de ses armées, des généraux improvisés remportent des victoires et sauvent la patrie.

Pendant que la République jetait à l'intérieur les bases d'un nouveau régime et d'une nouvelle organisation, qu'à l'extérieur grande et stoïque, elle faisait face à l'Europe entière coaalisée contre le principe nouveau, les obstacles, les luttes et les trahisons développaient les fruits malsains d'une vieille tradition, d'une déplorable éducation, faisaient taire la voix de la justice et faisait apparaître, terrible implacable le gouvernement du droit et de l'humanité! La justice était bien au fond des cœurs, on l'avait bien inscrite dans les lois et dans les constitutions, mais on avait tant vu l'ancien régime frapper ses ennemis comme des coupables, que la Révolution ne sut pas toujours imposer silence aux passions des multitudes qui après des siècles de misère s'étaient levées pour la revendication de leur droit méconnu et qui emportées par l'ardeur de la lutte, et par les dangers de la patrie ne voulaient plus voir autre chose que la violence et la force. Le tribunal révolutionnaire, l'échafaud politique faisant tomber tant de têtes innocentes, semblent un éclatant démenti des principes de la République.

Ces excès et ces crimes nous ne saurions, Messieurs, trop les déplorer, trop sévèrement les condamner. Ce sont eux qui ont amené la chute de notre grande et première République, et qui permettant encore aux passions réactionnaires d'agiter devant des esprits inquiets et crédules le spectre rouge de la démagogie, font que notre malheureux pays est depuis plus de trois quarts de siècle sans cesse balloté à travers les scandales des coups d'Etat, les agitations et les misères des révolutions ! (Applaudissements.)

Les injustices et les crimes de la République, excitèrent chez un grand nombre de personnes un sentiment de pitié, qui bientôt dégénéra en idées réactionnaires. Le sang qu'elle avait répandu, fit douter de la liberté; la nation crut ne trouver l'ordre et la sécurité qu'en revenant sous le pouvoir d'un maître, et acceptant le coup d'État de Brumaire, elle fit un despote d'un général victorieux.

Cependant les résultats de la révolution n'étaient point tous perdus. Une organisation nouvelle, une administration qui s'est conservée en traversant nos divers régimes, était alors donnée au Pays, et comme pour faire oublier à tous les esprits la perte de la liberté, nos armées victorieuses visitaient l'une après l'autre les plus fières capitales; sujets d'un maître, comme pour ne plus rougir de notre servitude nous semblions vouloir l'imposer à toute l'Europe ! Mais les revers arrivent, une retraite glorieuse, mais désastreuse, ramène notre armée à nos frontières, l'étranger les franchit derrière elles, le sol est envahi. C'est alors que l'on peut voir l'influence des institutions sur la force et la virilité des nations. L'armée vaincue, il ne se trouve pas derrière elle une nation de citoyens, prêts à tout sacrifier pour la défense de leur indépendance et de leur liberté, en même temps que du sol sacré de la patrie (Applaudissements). Par deux fois, il nous faut subir l'étranger victorieux qui nous ramène le roi dont nous ne voulions plus.

Cependant la royauté rentrant au milieu des baïonnettes étrangères, a du compter avec la nation toujours redoutable bien que vaincue. Une charte a garanti aux citoyens certains des droits que leurs pères ont con-

quis. La royauté regrette ses concessions.
Le peuple de son côté, sous les coups répétés
du malheur sent repousser en lui sa force et
sa virilité, il gronde, il menace, il étouffe
dans des limites trop étroites, il n'attend
qu'une occasion pour les briser. Les fautes
du pouvoir la lui fournissent ; un jour il
viole la charte qu'il avait octroyée et qui
seule le pouvait garantir des passions et des
violences populaires Le peuple tout entier se
lève pour la défense de ses droits, il chasse en
trois jours le pouvoir qui l'avait provoqué et
l'on entend alors dans bien des bouches le mot
sacré de République. Vous savez comment les
républicains furent alors écartés et comment
on crut trouver l'ordre et la liberté dans le
régime de la monarchie parlementaire. Le
compromis des caractères s'y retrouve dans
les institutions, et malgré la savante et com-
pliquée pondération des pouvoirs, les vices
des institutions semaient dans le pays les
agitations et les émeutes jusqu'aux jours
mémorables de février 1848 où les fautes de
cette monarchie en amenèrent la chute.

Les institutions de la liberté ne reposaient
pas encore malheureusement sur assez de
virilité dans les caractères et dans les âmes.
L'ambition d'un homme sut habilement tirer
parti des désordres inséparables des révolutions pour répandre dans les âmes le sentiment malsain de la peur. L'on vit alors un
prince qui se disait républicain prêter ser-
ment à la République pour la trahir, se servir
contre la République de l'administration et
de l'armée qui devaient servir à sa défense.
Le 2 décembre l'Assemblée nationale souve-

raine était chassée, les réprésentants du peuple déclarés inviolables par la Constitution étaient arrêtés et jetés à Mazas, les défenseurs de la loi et de la Constitution étaient traqués, emprisonnés, poursuivis. Un homme commettait cet attentat, il trouvait une majorité pour l'absoudre et le maintenir au pouvoir qu'il avait usurpé !

La décadence des institutions résultait donc de la décadence des mœurs. Le monde moral semblait s'abîmer pour toujours.

Vingt ans n'étaient pas écoulés que le châtiment de nos fautes arrivait, terrible, implacable, et nous marquait l'heure nécessaire du réveil et de la régénération.

Nous étions endormis dans l'idée malsaine d'une souveraineté populaire au-dessus du droit et de la justice, au milieu d'une prospérité apparente. Nos soldats promenés dans des expéditions lointaines de Chine et du Mexique y prodiguaient en pure perte leurs efforts et leur sang, et autour de nous, gouvernement, administration, armée, intendance et jusqu'au pays, tout se désorganisait sous les effets combinésdu despotisme, du luxe et de la corruption. Nous nous sommes réveillés au milieu de désastres sans précédents, et aux malheurs de la guerre étrangère, les fruits malsains de la corruption impériale, sont venus ajouter encore les maux et les désastres de la guerre civile.

Tels sont, Messieurs, les grands et irrécusables enseignements que nous apporte l'histoire; ainsi elle joint sa voix et son témoignage, aux leçons de la philosophie et de la raison, Ainsi nous apparaît clairement l'influence des caractères et des mœurs sur les institutions, l'influence des institutions sur la grandeur et la prospérité des nations. Il y a là pour nous, car nous ne sommes réunis dans cette enceinte pour nous livrer au vain plaisir de discussions inutiles et de constatations impuissantes, il y a là des en- seignements qui ne sauraient être aujourd'hui sans danger méconnus, une leçon à la fois salutaire utile et nécessaire. Il ne suffit pas de savoir que le gouvernement républicain qui a son origine dans la virilité et la dignité des citoyens, qui produit la force et la puis- sance des peuples est aussi celui qui sait le mieux assurer avec le maintien de l'ordre et le respect de la liberté de tous, la pros- périté et la grandeur des états. Il ne suffit pas de sentir ce que nous sentons tous ici que la République est aujourd'hui le gou- vernement nécessaire de notre pays, le seul qui puisse nous épargner le fléau des révo- lutions, les maux et les désastres des guerres civiles. Il nous faut comprendre comment et combien la réforme de nos mœurs, la régé- nération de nos caractères et de nos âmes en est l'absolue et indispensable condition. Il serait inutile d'aimer, et de désirer la liberté et la justice, si nous ne nous en rendions pas dignes, si le sentiment ne s'en gravait dans notre conscience et dans nos cœurs. Et de même que nos législateurs ont à inscrire dans nos constitutions et dans nos lois le grand principe du gouvernement républi- cain, il nous faut dès aujourd'hui en fixer dans nos âmes les indestructibles assises. (n viole les lois, on renverse les constitutions, mais on ne détruit pas un gouvernement qui a poussé ses racines dans le cœur et dans l'âme de tous les citoyens !

Jamais peut-être les circonstances n'ont été plus solennelles, jamais le sort d'une nation n'a été plus complétement entre les mains des citoyens. Etre ou ne pas être, telle est la redoutable question qui se pose devant nous. Pour user dans des luttes stériles ce qui nous reste de forces, pour descendre d'échelons en échelons jusqu'au fond de l'abîme, nous n'avons qu'à continuer les traditions malsaines de nos fautes, de nos faiblesses et de nos abdications. Si nous voulons au contraire rester un grand peuple, si nous voulons avec l'ordre et la liberté que les sophismes de l'ambition et de l'erreur voudraient en vain séparer, rétablir notre ancienne grandeur et notre ancienne prospérité et recouvrer au dehors par les institutions viriles de la liberté, le rang que nous ont fait perdre dix-huit années de despotisme, d'immoralité et de hontes, c'est par nous, par nous-mêmes, qu'il nous fautcommencer la réforme et la régénération sociale : il nous faut apprendre ce que jusqu'ici nous avons tant méconnu, LE TRAVAIL, LE DROIT et LE DEVOIR ; il nous faut en un mot faire de nos enfants et redevenir nous-mêmes, ce que nous ne sommes plus, ce que pour beaucoup nous ne voulons plus être, des hommes et des citoyens.